LES TUNIQUES BLEUES

EL PADRE

DESSINS: WILLY LAMBIL
SCENARIO: RAOUL CAUVIN

DUPUIS

MARCINELLE-CHARLEROI / PARIS / MONTREAL / BRUXELLES / SITTARD

I.S.B.N. 2-8001-0748-0

CE JOUR-LÀ...
PAW
PAW
1A.
ILS GAGNENT SUR NOUS.
LA FRONTIÈRE NE DOIT PAS ÊTRE LOIN!... ON A PEUT-ÊTRE UNE CHANCE!
LÀ!
BON DIEU! IL ÉTAIT TEMPS!... LES CHEVAUX SONT À BOUT!...
1B.

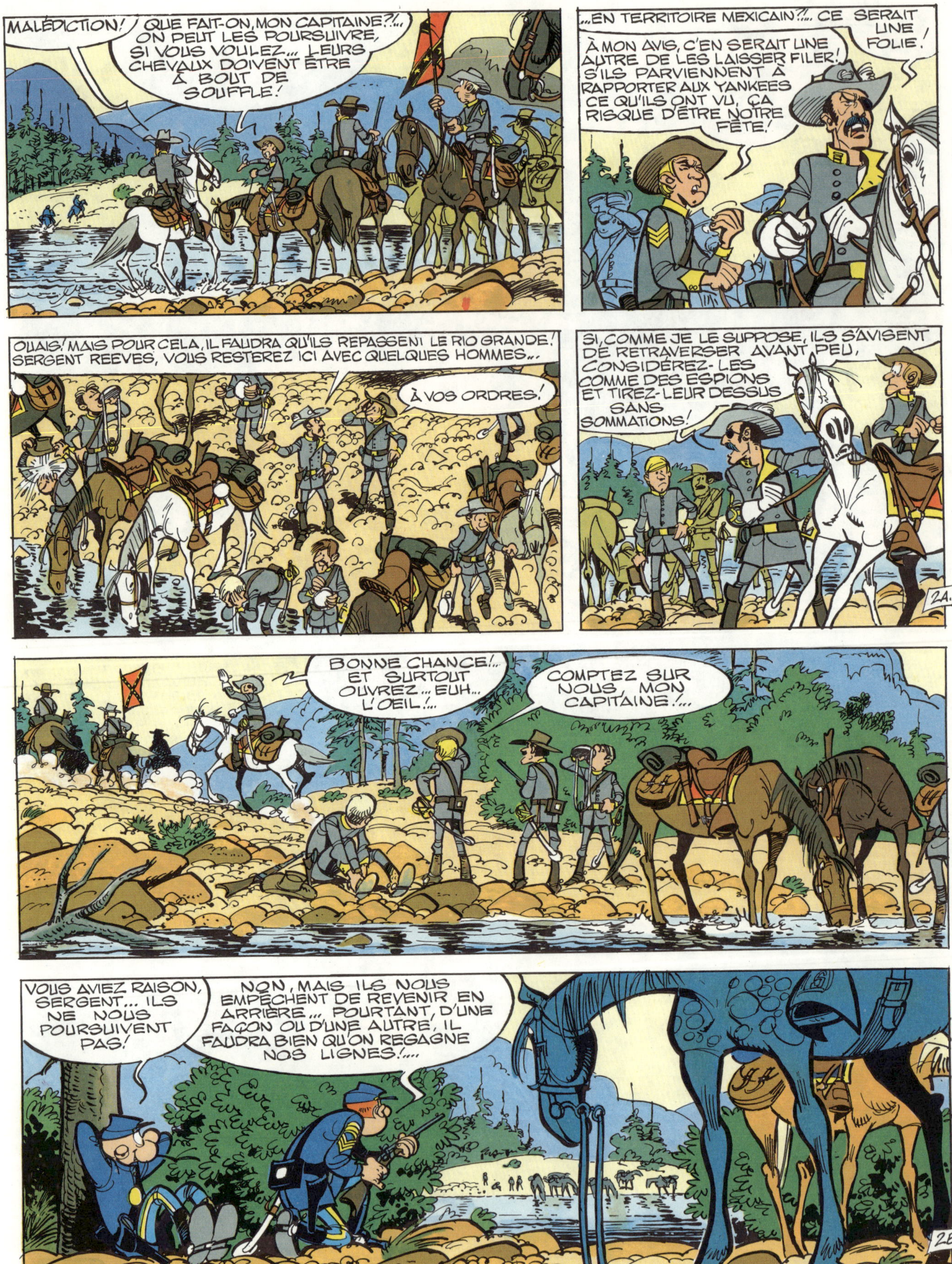
MALÉDICTION!
QUE FAIT-ON, MON CAPITAINE?!... ON PEUT LES POURSUIVRE, SI VOUS VOULEZ... LEURS CHEVAUX DOIVENT ÊTRE À BOUT DE SOUFFLE!
...EN TERRITOIRE MEXICAIN?!... CE SERAIT UNE FOLIE!
À MON AVIS, C'EN SERAIT UNE AUTRE DE LES LAISSER FILER! S'ILS PARVIENNENT À RAPPORTER AUX YANKEES CE QU'ILS ONT VU, ÇA RISQUE D'ÊTRE NOTRE FÊTE!
OUAIS! MAIS POUR CELA, IL FAUDRA QU'ILS REPASSENT LE RIO GRANDE! SERGENT REEVES, VOUS RESTEREZ ICI AVEC QUELQUES HOMMES...
À VOS ORDRES!
SI, COMME JE LE SUPPOSE, ILS S'AVISENT DE RETRAVERSER AVANT PEU, CONSIDÉREZ-LES COMME DES ESPIONS ET TIREZ-LEUR DESSUS SANS SOMMATIONS!
2A.
BONNE CHANCE!... ET SURTOUT OUVREZ... EUH... L'OEIL!...
COMPTEZ SUR NOUS, MON CAPITAINE!...
VOUS AVIEZ RAISON, SERGENT... ILS NE NOUS POURSUIVENT PAS!
NON, MAIS ILS NOUS EMPÊCHENT DE REVENIR EN ARRIÈRE... POURTANT, D'UNE FAÇON OU D'UNE AUTRE, IL FAUDRA BIEN QU'ON REGAGNE NOS LIGNES!...
2B.

ON N'EST PAS PRESSÉS...ON A TOUT LE TEMPS... ILS FINIRONT BIEN PAR SE LASSER... IL N'Y A QU'À RESTER PEINARDS SUR CETTE RIVE!
C'EST TOUT VOUS, ÇA!
DEPUIS QUE NOUS NOUS BALADONS DANS LEURS LIGNES, NOUS AVONS RÉCOLTÉ UN TAS DE RENSEIGNEMENTS QUI INTÉRESSERONT DRÔLEMENT NOTRE ÉTAT-MAJOR... LE TOUT, C'EST DE LES LEUR FAIRE PARVENIR VITE!...
ENVOYEZ-LES PAR LA POSTE!
BLUTCH, IL FAUT REPASSER CE FLEUVE À TOUT PRIX!
...ET QU'EST-CE QUE VOUS CROYEZ QU'ILS VONT FAIRE DE L'AUTRE CÔTÉ?... NOUS OFFRIR DES MARGUERITES?...
QUI VOUS A DIT QU'ON TRAVERSERAIT ICI? IL Y A SÛREMENT UN AUTRE PASSAGE À GUÉ PLUS LOIN...
OUAIS!... SEULEMENT VOILÀ... ILS ÉPIENT NOS MOINDRES MOUVEMENTS!... OÙ QU'ON AILLE, ILS NOUS SUIVRONT!
LE JOUR, BLUTCH! LE JOUR, PARCE QU'ILS PEUVENT NOUS VOIR!... MAIS LA NUIT!...
LA NUIT?
IL FAUT RAMASSER DES BRANCHES MORTES AVANT QUE LE SOLEIL NE SE COUCHE... VENEZ!...
HO! MINUTE!... VOUS NE PENSEZ TOUT DE MÊME PAS ALLUMER UN FEU?!...
3A.
MAIS SI!... POURQUOI?...
PARCE QUE NOUS SOMMES ICI CHEZ LES MEXICAINS, MÔSSIEUR, ET QU'À LA MOINDRE FLAMMÈCHE, ILS NOUS TOMBERONT DESSUS À BRAS RACCOURCIS! VOILÀ POURQUOI, MÔSSIEUR!
BLUTCH, SI VOUS PERSISTEZ À ME TRAITER COMME UN CIVIL, JE VOUS AVERTIS CHARITABLEMENT QUE JE METTRAI VOS MOLAIRES À CONTRIBUTION!
QUANT À CE PETIT FEU, NE VOUS INQUIÉTEZ PAS!... ÇA, C'EST MON AFFAIRE!... TOUT CE QUE JE VOUS DEMANDE, C'EST DE RAMASSER DU BOIS!
O.K.! O.K.! J'ESPÈRE QUE VOUS SAVEZ CE QUE VOUS FAITES!..
...N'EMPÊCHE QUE J'AI DES DOUTES!...
3B.

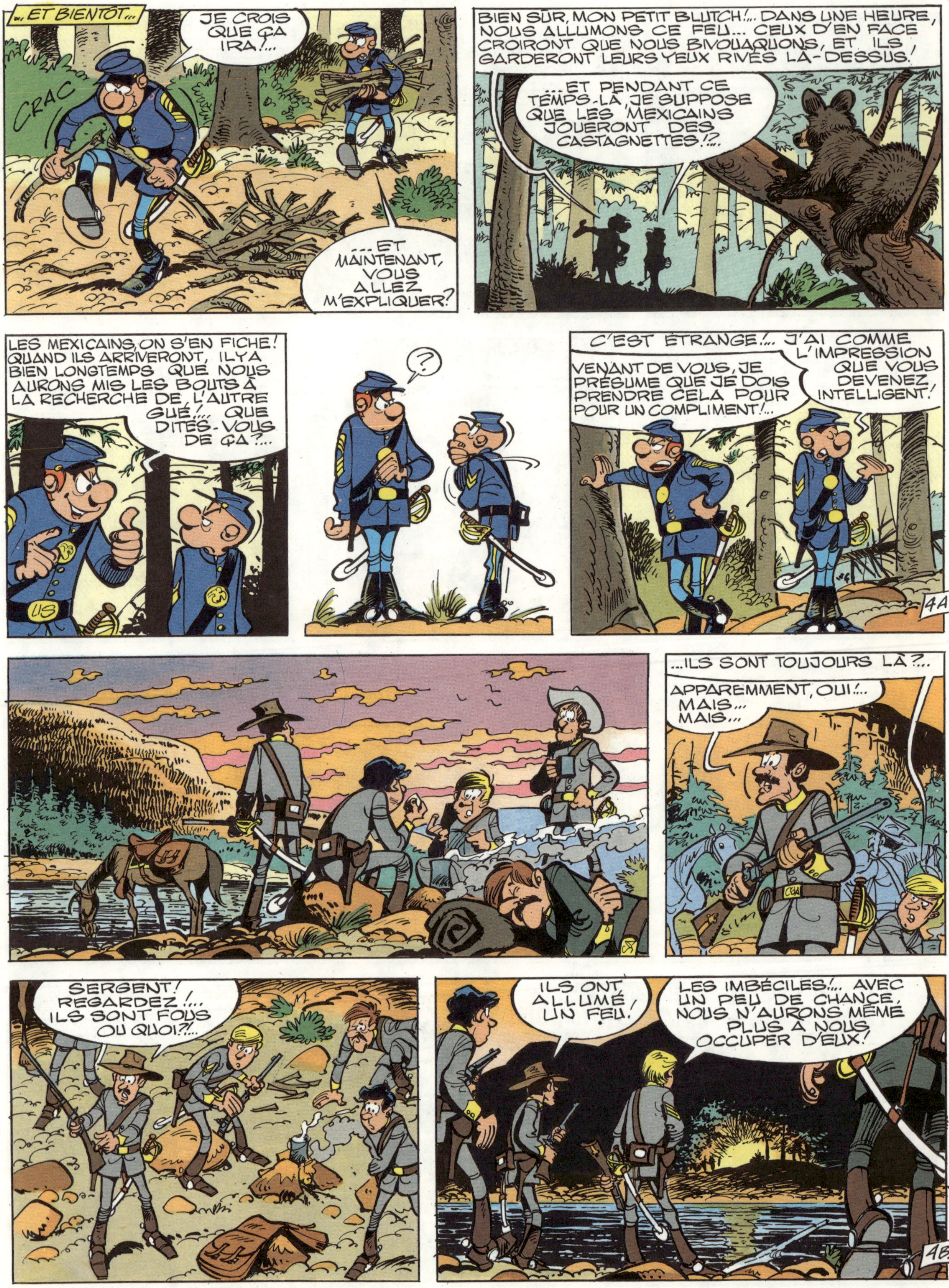
...ET BIENTÔT...
JE CROIS QUE ÇA IRA!...
CRAC
...ET MAINTENANT, VOUS ALLEZ M'EXPLIQUER?
BIEN SÛR, MON PETIT BLUTCH!... DANS UNE HEURE, NOUS ALLUMONS CE FEU... CEUX D'EN FACE CROIRONT QUE NOUS BIVOUAQUONS, ET ILS GARDERONT LEURS YEUX RIVÉS LÀ-DESSUS!
...ET PENDANT CE TEMPS-LÀ, JE SUPPOSE QUE LES MEXICAINS JOUERONT DES CASTAGNETTES!?!
LES MEXICAINS, ON S'EN FICHE! QUAND ILS ARRIVERONT, IL Y A BIEN LONGTEMPS QUE NOUS AURONS MIS LES BOUTS À LA RECHERCHE DE L'AUTRE GUÉ!... QUE DITES-VOUS DE ÇA?...
?
C'EST ÉTRANGE!... J'AI COMME L'IMPRESSION QUE VOUS DEVENEZ INTELLIGENT!
VENANT DE VOUS, JE PRÉSUME QUE JE DOIS PRENDRE CELA POUR POUR UN COMPLIMENT!...
4A
...ILS SONT TOUJOURS LÀ?...
APPAREMMENT, OUI!... MAIS... MAIS...
SERGENT! REGARDEZ!... ILS SONT FOUS OU QUOI?!...
ILS ONT ALLUMÉ UN FEU!
LES IMBÉCILES!... AVEC UN PEU DE CHANCE, NOUS N'AURONS MÊME PLUS À NOUS OCCUPER D'EUX!
4B.

O.K., BLUTCH !... ÇA SUFFIT COMME ÇA ! À CHEVAL !...
HA HA HA... JE ME DEMANDE LA TÊTE QU'ILS FERONT AU MATIN QUAND ILS VERRONT QUE NOUS NE SOMMES PLUS LÀ !...
...RESTE À TROUVER LE GUÉ, SERGENT !
...ET DANS CETTE OBSCURITÉ, ÇA RISQUE DE NE PAS ÊTRE FACILE !...
BLUTCH, VOUS N'ÊTES QU'UN FICHU PESSIMISTE !...
5A.
KAWAENI BODJANO !
DJOVA HANI MANOESTA HANI !
DJAWALLA !
CEPENDANT...
ALORS ?... VOUS L'AVEZ TROUVÉ, BLUTCH ?...
NAN !
5B.

BON SANG DE BON SANG!... IL DOIT BIEN SE TROUVER QUELQUE PART, CE ...!... DE GUÉ!...
SÛR, SERGENT!... MAIS CETTE FOIS, VOUS LE CHERCHEREZ VOUS-MÊME!...
VOUS, AU MOINS, C'EST UN PLAISIR DE VOUS DEMANDER QUELQUE CHOSE!
ÇA FAIT VINGT FOIS QUE JE FAIS TREMPETTE, CETTE NUIT!... JE COMMENCE À EN AVOIR RAS LE POPOTIN!
C'EST BON!... J'Y VAIS, RÂLEUR!... PEUT-ÊTRE AURAI-JE PLUS DE CHANCE QUE VOUS!
SPLAF
VOUS AVEZ TROUVÉ?...
6A.
CHHHT... ÉCOUTEZ!
LES MEXICAINS!... PLANQUONS-NOUS!
QU'EST-CE QUE C'EST, BLUTCH?...
DES... DES INDIENS!... DES PILLARDS INDIENS!...
6B.

VOUS CROYEZ QU'ILS ONT DÉCOUVERT NOTRE PRÉSENCE SUR CETTE RIVE?...
SANS AUCUN DOUTE!... ILS SUIVENT NOS TRACES!...
NOUS SOMMES DANS DE BEAUX DRAPS!... D'UN CÔTÉ, LES CONFÉDÉRÉS PRÊTS À NOUS TIRER COMME DES LAPINS ... DE L'AUTRE, CES PILLARDS QUI N'ATTENDENT QUE L'OCCASION DE NOUS ÉGORGER!... QU'EST-CE QUE VOUS COMPTEZ FAIRE, SERGENT?...
BLUTCH, UN PEU D'OPTIMISME, VOYONS!... ILS NE NOUS ONT PAS ENCORE VUS...
NON, MAIS ÇA NE VA PAS TARDER!... ATTENDEZ QUE LE JOUR SE LÈVE...
JE NE VOIS QU'UNE SOLUTION... SE RÉFUGIER DANS LA MONTAGNE... NOUS REVIENDRONS QUAND ILS SE SERONT ÉLOIGNÉS!...
7A.
MISÈRE DE MISÈRE... ENGAGEZ-VOUS QU'ILS DISAIENT!... TU PARLES!...
TAISEZ-VOUS, IMBÉCILE!... CES INDIENS ONT L'OREILLE FINE!
AAAA...
?!
QU'EST-CE QUE C'EST?...
... UN PAYSAN MEXICAIN ET UN MOINE!... LES INDIENS ONT DÛ LEUR TOMBER DESSUS!... PAUVRES TYPES!...
7B.

BLUTCH !... C'EST NOTRE SEULE CHANCE !...
?
NOUS ALLONS ÉCHANGER NOS HABITS CONTRE LES LEURS !
ÇA NE VA PAS, NON ?!...
MAIS COMPRENEZ-MOI DONC, AHURI !... LES MEXICAINS NOUS LAISSERONT TRANQUILLES DANS CES ACCOUTREMENTS !
...ET LES INDIENS ?...
LES INDIENS SONT LOIN, ET PUIS C'EST UN RISQUE À PRENDRE !... ALLONS, AIDEZ-MOI !
SERGENT, VOUS ÊTES FOU ! FOU À LIER !
FAITES COMME VOUS VOULEZ !... EN TOUT CAS, JE N'AI PAS ENVIE DE MOISIR DANS LES GEÔLES MEXICAINES, MOI !...
8A.
PEU APRÈS...
PFFIOU !... IL ÉTAIT TEMPS ! LE JOUR SE LÈVE !
...ET NOS ARMES ?... ...ET LES CHEVAUX ?...
IL FAUDRA LES ABANDONNER... UN MOINE ARMÉ, SUR UN CHEVAL DE L'ARMÉE U.S., ÇA NE FAIT PAS TRÈS SÉRIEUX !
JE NE VOUS LE FAIS PAS DIRE !
AVEC UN PEU DE CHANCE, ILS RETROUVERONT PEUT-ÊTRE LEUR CHEMIN TOUT SEULS !...
C'EST CURIEUX... J'AI COMME L'IMPRESSION D'ÊTRE TOUT NU, À PRÉSENT !
8B.

...ET MAINTENANT, ALLONS-Y!... SI TOUT VA BIEN, NOUS RETRAVERSERONS LE FLEUVE, CE SOIR!...
SERGENT!
NE M'APPELEZ PLUS SERGENT, IMBÉCILE!... VOUS TENEZ À NOUS FAIRE REPÉRER!?
MAIS COMMENT FAUT-IL VOUS APPELER?
APPELEZ-MOI...EUH... PADRE... C'EST ÇA... PADRE!
PADRE?.. HA?..BON EH BIEN, PADRE, IL Y A QUELQUE CHOSE QUI CLOCHE...
HA OUI?
QUE...?... AH NON!... AH NON!...
VOUS AVEZ DÉJÀ VU UN PADRE SANS TONSURE, VOUS?
9A.
JAMAIS!... VOUS M'ENTENDEZ?!... JAMAIS!...
COMME VOUS VOUDREZ!... MAIS ALORS VOUS IREZ SEUL DE VOTRE CÔTÉ, ET MOI DU MIEN!
MAIS, BLUTCH...
JE NE TIENS PAS À MOISIR DANS LES GEÔLES MEXICAINES À CAUSE D'UN PETIT DÉTAIL, MOI!...
VOUS CROYEZ VRAIMENT...?
MAIS ENFIN, REGARDEZ-VOUS!... VOUS RESSEMBLEZ AUTANT À UN PADRE QUE MOI À UN MANDARIN!
RRREEP RRREEP
HEUREUSEMENT QUE J'AVAIS GARDÉ MON COUTEAU, PAS VRAI?...
...ET MAINTENANT, ON PEUT Y ALLER?!...
ON Y VA, PADRE!
9B.

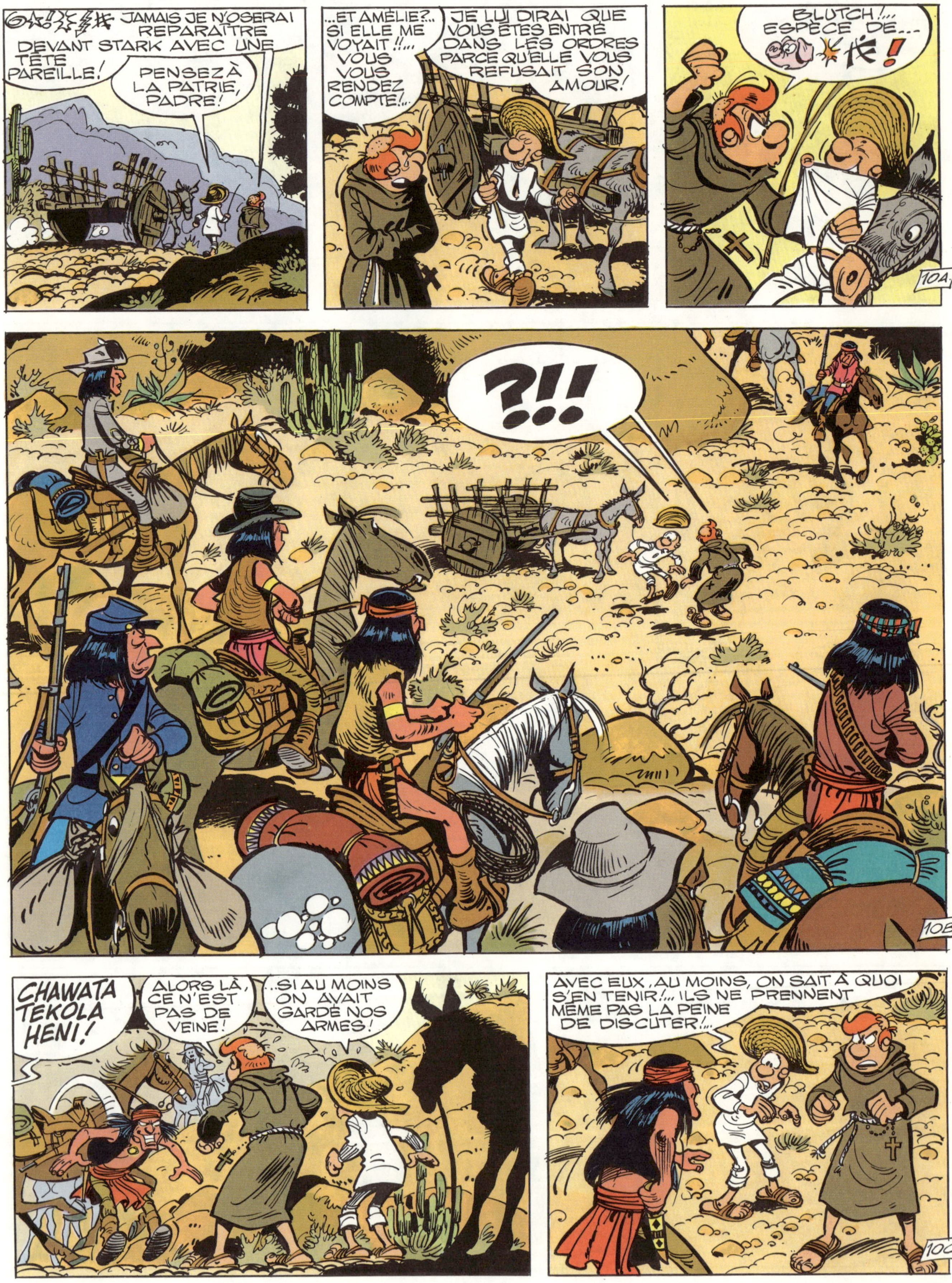
JAMAIS JE N'OSERAI REPARAÎTRE DEVANT STARK AVEC UNE TÊTE PAREILLE!
PENSEZ À LA PATRIE, PADRE!
...ET AMÉLIE?... SI ELLE ME VOYAIT!!... VOUS VOUS RENDEZ COMPTE!...
JE LUI DIRAI QUE VOUS ÊTES ENTRÉ DANS LES ORDRES PARCE QU'ELLE VOUS REFUSAIT SON AMOUR!
BLUTCH!... ESPÈCE DE...!
10A
?!!...
10B
CHAWATA TEKOLA HENI!
ALORS LÀ, CE N'EST PAS DE VEINE!
...SI AU MOINS ON AVAIT GARDÉ NOS ARMES!
AVEC EUX, AU MOINS, ON SAIT À QUOI S'EN TENIR!... ILS NE PRENNENT MÊME PAS LA PEINE DE DISCUTER!...
10C

WOK!
SAUVEZ-VOUS, BLUTCH!
PAS QUESTION, SERGENT!... BÊTE COMME VOUS ÊTES, VOUS ÊTES FICHU DE NE PAS TROUVER LES PORTES DU PARADIS TOUT SEUL!
TEKOLA HANI HANI!
BLUTCH, VOUS ÊTES UN CHIC TYPE!... JE SAVAIS QUE VOUS NE M'ABANDONNERIEZ PAS!
LE MOYEN DE FAIRE AUTREMENT!... JE N'AURAIS PAS FAIT DIX PAS QU'ILS M'AURAIENT LOGÉ UNE BALLE ENTRE LES OMOPLATES!
JACOMINO! FILS DÉ CHIEN! MISÉRABLÉ CHACAL!
C'EST ÇA!... C'EST ÇA!... OSÉ TOURNER TON ARMÉ DANS MA DIRECTION!
...ET IL NÉ RESTÉRA DÉ TOI ET DÉ TES HOMMES QU'OUNÉ PÉTITÉ TAS DÉ CHAIR INFORME QUI RENDRA MALADÉS LES VAUTOURS À DES LIEUES À LA RONDÉ!!!...

QUI SONT CEUX-LÀ ?...
DES MEXICAINS !... NOUS SOMMES SAUVÉS !
SAUVÉS ?... MON OEIL !... VOUS AVEZ VU LEURS TRONCHES ?
MAIS ALORS...
DES PILLARDS !... UNE AUTRE BANDE DE PILLARDS !
CE N'EST PAS CROYABLE !... ON RENCONTRE TOUT DANS CE PAYS, SAUF DES MEXICAINS !...
HA PARDON... **CE SONT** DES MEXICAINS !... MAIS DES MAUVAIS !...
ON DIT QUE DANS CE PAYS, LES PIRES CANAILLES ONT UN FOND DE PIÉTÉ !...
C'EST À ESPÉRER !
12A.
JE NE SAIS PAS CE QU'ILS SE RACONTENT, MAIS EN TOUT CAS, ÇA A L'AIR DE BARDER !...
HA ! HA ! HA !... MADRÉ DE DIOS, PADRÉ !... AVOUEZ QUÉ NOUS SOMMES ARRIVÉS YOUSTE À TEMPS !
EUH... CROYEZ-VOUS QU'ILS NOUS VOULAIENT DU MAL, MON FILS ?...
12B.

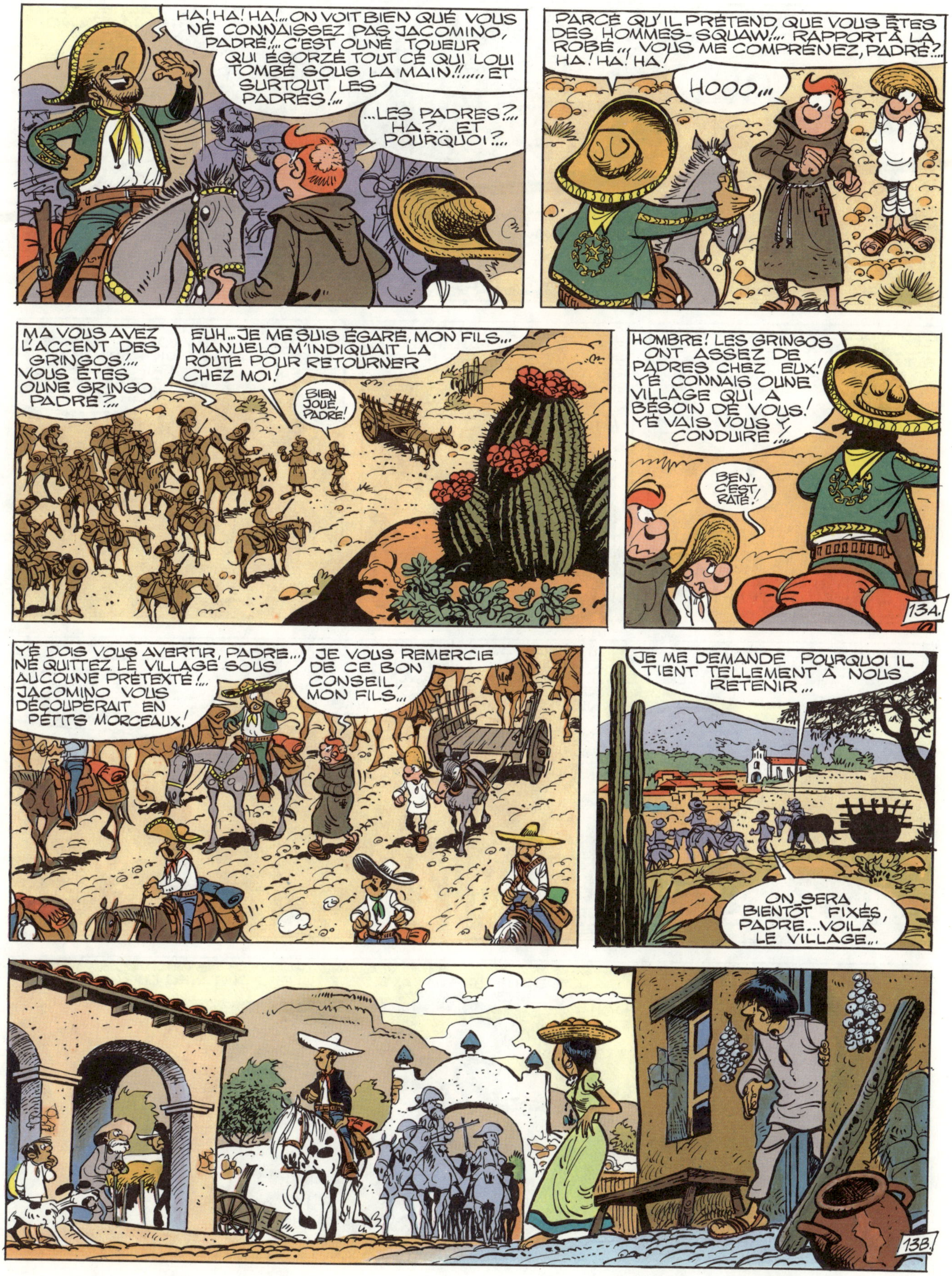

HA! HA! HA!... ON VOIT BIEN QUE VOUS NE CONNAISSEZ PAS JACOMINO, PADRE!... C'EST OUNE TOUEUR QUI ÉGORZE TOUT CE QUI LOUI TOMBE SOUS LA MAIN!!..... ET SURTOUT LES PADRES!...
...LES PADRES?... HA?... ET POURQUOI?...
PARCE QU'IL PRÉTEND QUE VOUS ÊTES DES HOMMES-SQUAW!... RAPPORT À LA ROBE... VOUS ME COMPRENEZ, PADRE?... HA! HA! HA!
HOOO...
MA VOUS AVEZ L'ACCENT DES GRINGOS!... VOUS ÊTES OUNE GRINGO PADRE?...
EUH... JE ME SUIS ÉGARÉ, MON FILS... MANUELO M'INDIQUAIT LA ROUTE POUR RETOURNER CHEZ MOI!
BIEN JOUÉ, PADRE!
HOMBRE! LES GRINGOS ONT ASSEZ DE PADRES CHEZ EUX! YE CONNAIS OUNE VILLAGE QUI A BESOIN DE VOUS! YE VAIS VOUS Y CONDUIRE!...
BEN, C'EST RATÉ!
13A.
YE DOIS VOUS AVERTIR, PADRE... NE QUITTEZ LE VILLAGE SOUS AUCOUNE PRÉTEXTE!... JACOMINO VOUS DÉCOUPERAIT EN PETITS MORCEAUX!
JE VOUS REMERCIE DE CE BON CONSEIL, MON FILS...
JE ME DEMANDE POURQUOI IL TIENT TELLEMENT À NOUS RETENIR...
ON SERA BIENTÔT FIXÉS, PADRE... VOILÀ LE VILLAGE...
13B.

PEDRO, RASSEMBLE TES PEONES DANS L'ÉGLISE... Y'AI OUNE NOUVELLE POUR EUX!
SI, SEÑOR DIAZ!
VOYEZ-VOUS, PADRE... YE SOUPÇONNE FORTE JACOMINO D'AVOIR FAIT ENLEVER ET MASSACRER VOTRE PRÉDÉCESSOR!...
GLOP
CES IMBÉCILES DE PAYSANS ONT CROU QUE C'ÉTAIT MOI QUI AVAIS FAIT LE COUP... ALORS, DEPUIS CE YOUR, ILS REFOUSENT DE ME LIVRER LOR PAIN ET LOR VIN!...
Y'AI BIEN ESSAYÉ DE LES FORCER... Y'AI FAIT PENDRE SIX HOMMES, MA ILS N'ONT RIEN VOULU ENTENDRE!
SIX HOMMES!... VOUS N'AVEZ PAS HONTE?!...
HOMBRE! Y'AI OUNE TROUPE À NOURRIR, PADRE!
PARLONS-EN DE VOTRE TROUPE!... UN RAMASSIS DE FRIPOUILLES QUI NE PENSENT QU'À TUER ET VOLER!...
14A.
DANS LE FOND, VOUS NE VALEZ PAS MIEUX QUE JACOMINO!...
AH LÀ, VOUS VOUS TROMPEZ, PADRE!... YE CROIS EN DIEU, ET MES HOMMES AUSSI!... JACOMINO, LOUI, IL NE CROIT EN RIEN!...
MOI, QUAND YE TOUE OUNE GRINGO OU OUNE PEONE, YE ME SIGNE... YE VOUS LE YOURE!... C'EST LA VÉRITÉ!... YE SOUIS OUNE CHRÉTIEN!...
!
... DES CHRÉTIENS COMME VOUS DOIVENT PULLULER EN ENFER!
HOMBRE!... YE VOUS AI AMENÉ ICI POUR QUE VOUS M'AIDIEZ À CONVAINCRE CETTE BANDE D'ABROUTIS QU'ILS DOIVENT COOPÉRER, ET BON GRÉ MAL GRÉ, VOUS NOUS AIDEREZ, PADRE!
VOUS NE TROUVEZ PAS QUE VOUS AVEZ ÉTÉ UN PEU DUR AVEC LUI?!...
JE N'Y PEUX RIEN! IL M'ÉNERVE!
14B.

ÉCOUTEZ-MOI BIEN, VOUS AUTRES!... VOUS VOULIEZ OUNE AUTRE PADRE?!... YÉ VOUS EN RAMÈNE OUNE!... IL RESTERA PARMI VOUS ET YÉ LE PROTÉGERAI CONTRE JACOMINO!... MAIS À OUNE CONDITION.....
??
15A
SI VOUS PERSISTEZ À MÉ REFOUSER VOTRE AIDE, YE PRENDRAI DES OTAGES ET YE LES FERAI PENDRE EN COMMENÇANT PAR LOUI! ENTENDE USTED?...
HÉ! HO! ÇA NE VA PAS, NON!?...
À PRÉSENT, SI VOUS VOULEZ CONSERVER VOS OUAILLES, VOUS SAVEZ CE QUI VOUS RESTE À FAIRE!...
...ET VOUS CROYEZ QU'ILS M'ÉCOUTERONT?!
ILS ÉCOUTENT TOUJOURS LE PADRE! C'EST LA PAROLE DE DIEU, NON?!
UN JOUR, LA MAIN DE DIEU RISQUE DE VOUS TOMBER DESSUS, ET ÇA FERA DU DÉGÂT, CROYEZ-MOI!
SEÑOR DIAZ!
?
?
BZZZZ
HOMBRE!
15B

CERTAINS PEONES MURMURENT... ILS DISENT QUE VOUS N'ÊTES PAS PADRE!... QUE VOUS ÊTES OUNE GRINGO QUÉ Y'AI RAMENÉ DOU TEXAS ET QUÉ Y'AI VÉTOU EN PRÊTRE!
NOOON?...
À VOUS DE LOR MONTRER QUÉ YÉ N'AI PAS MENTI, PADRE!...
MAIS MAIS...
QU'EST-CE QU'ILS VEULENT QUE JE FASSE?!...
JE CROIS QU'ILS ATTENDENT QUE VOUS CÉLÉBRIEZ UNE MESSE!
QUOI!?... MAIS ILS SONT FOUS! JE N'AI JAMAIS CÉLÉBRÉ UNE MESSE, MOI!... DITES-LEUR, BLUTCH!...
C'EST ÇA!... ET EN MOINS DE DEUX, LE SEÑOR DIAZ NOUS AURA LOGÉ UNE BALLE ENTRE LES DEUX YEUX!
BLUTCH C'EST AFFREUX!... QU'EST CE QUE JE VAIS FAIRE!?...
JE N'EN SAIS RIEN, MOI! C'EST VOUS, LE PADRE!
16A.
EUH... PADRE... VOUS TROUVEREZ TOUT CE QU'IL FAUT DANS LA SACRISTIE!
LA...?! HA OUI... BIEN SUR!... J'Y VAIS!...
IL PRÉPARE L'AUTEL!
CETTE FOIS, C'EST LA FIN! ILS VONT TOUT DÉCOUVRIR!
SI MES SOUVENIRS SONT BONS, IL SUFFIRA DE REMUER LES LÈVRES, FAIRE QUELQUES GÉNUFLEXIONS ET LEVER LA COUPE EN OR UNE FOIS OU DEUX...
VOUS CROYEZ QUE ÇA LES CONVAINCRA?...
C'EST À ESPÉRER, SINON ON LEUR DIRA QUE CE SONT DES OFFICES NOUVELLE VERSION... S'ILS SONT SUFFISAMMENT NAÏFS, ILS LE CROIRONT PEUT-ÊTRE!
16B

JE VAIS VOUS AVOUER QUELQUE CHOSE, BLUTCH...
CESSEZ DE M'APPELER AINSI
VOUS ALLEZ TOUT FICHE PAR TERRE AVANT DE COMMENCER!
SI UN JOUR ON M'AVAIT DIT QUE JE TROQUERAIS MON FUSIL CONTRE UN GOUPILLON, JE NE L'AURAIS JAMAIS CRU!
GROUILLEZ-VOUS, PADRE... LE PUBLIC A L'AIR DE S'IMPATIENTER!
HEM!... JE SUIS PRÊT, MANUELO!
AU LIEU DE RIGOLER, ENFILEZ ÇA, IMBÉCILE, ET CONDUISEZ-MOI À L'AUTEL!... PUISQUE VOUS SAVEZ À MOITIÉ CE QU'IL FAUT FAIRE, VOUS SEREZ MON ENFANT DE CHOEUR!...
MOI?!... MAIS...
IL N'Y A PAS DE MAIS, MON PETIT MANUELO!... ET SURTOUT, TÂCHEZ DE FAIRE VRAI!... C'EST NOTRE PEAU QUE NOUS JOUONS!
17A.
VOUS M'AUREZ VRAIMENT TOUT FAIT FAIRE DANS MA VIE!...
CROYEZ-VOUS QUE ÇA M'AMUSE, ANDOUILLE?!... HEIN?... DITES... VOUS LE CROYEZ?!...
TOUT CE QUE JE CROIS, C'EST QUE VOUS NOUS AVEZ FICHUS DANS UN SACRÉ GUÊPIER! QUI A EU L'IDÉE DE PRENDRE LES EFFETS DU MOINE, HEIN?!...
JE NE POUVAIS PAS SAVOIR QUE ÇA ALLAIT TOURNER COMME ÇA!
...ET PUIS, AU LIEU DE RÂLER, DITES-MOI PLUTÔT CE QUE JE DOIS FAIRE!... ILS VONT FINIR PAR S'APERCEVOIR DE QUELQUE CHOSE!
...M'EN FOUT!... ALLEZ VOUS FAIRE CUIRE UNE OMELETTE!...
AMEN!
17B.

kyrie eleison Christe eleison
BON DIEU DE BON DIEU!... ÇA A L'AIR DE MARCHER!
JE NE L'AURAIS JAMAIS CRU!... CONTINUEZ, SERGENT... ON A PEUT-ÊTRE UNE CHANCE DE S'EN TIRER!
Et in terra pax hominibus bonae voluntatis laudamus te.....
benedicimus te adoramus te.....
VENEZ, VOUS AUTRES!... À PRÉSENT, ILS ONT COMPRIS QUE YE N'AI PAS MENTI! NOUS N'AVONS PLOUS RIEN À FAIRE ICI!...
18A
CE PADRE NE M'INSPIRE PAS CONFIANCE, DIAZ! IL M'A L'AIR BIZARRE AINSI QUE LE PETIT PEONE QUI L'ACCOMPAGNE!
HOMBRE! QU'EST-CE QUE TOU Y CONNAIS EN PADRES, LUIS?...
TOUT LE VILLAGE EST PRÉSENT DANS L'ÉGLISE, ET AUCUN D'EUX N'A EU L'AIR DE LE TROUVER BIZARRE!... ÉCOUTE-LES CHANTER... NON, TOU T'ES TROMPÉ, AMIGO!
JE VOUDRAIS EN AVOIR LE CŒUR NET!
Deus Pater omnipotens...
ALLEZ, VOUS AUTRES! CONTINUEZ À CHANTER!
Domine Fili unigenite...
?
AH HO!... ARRÊTEZ CETTE COMÉDIE, GRINGO!... QUI ÊTES-VOUS?... DE QUEL CÔTÉ ÊTES-VOUS?...
18B

CO... COMMENT!?... QU'EST-CE QUE VOUS VOULEZ DIRE, M... MON FILS?!
LAISSEZ TOMBER, SERGENT! VOUS VOYEZ BIEN QU'IL A TOUT COMPRIS!
JUSTEMENT NON!... POURQUOI VOUS FAITES-VOUS PASSER POUR UN PADRE?... C'EST DIAZ QUI VOUS L'A DEMANDÉ POUR NOUS ABUSER?! C'EST ÇA?!...
AH NON! AH NON!
EXPLIQUEZ-LUI, BLUTCH!...
ÇA RISQUE D'ÊTRE LONG!
CHANTEZ DONC, VOUS AUTRES!
Jesu Christe Domine Deus...
Agnus Dei Filius
...ET VOILÀ!...
MADRE DE DIOS! C'ÉTAIT DONC ÇA!
HÉ!
19A
ÇA VA! ÇA VA, AMIGOS!... LA MESSE EST FINIE!... AYEZ L'AIR NATUREL EN SORTANT... LE SEÑOR DIAZ POURRAIT AVOIR LAISSÉ TRAÎNER UN DE SES BANDITS PAR ICI!
19B

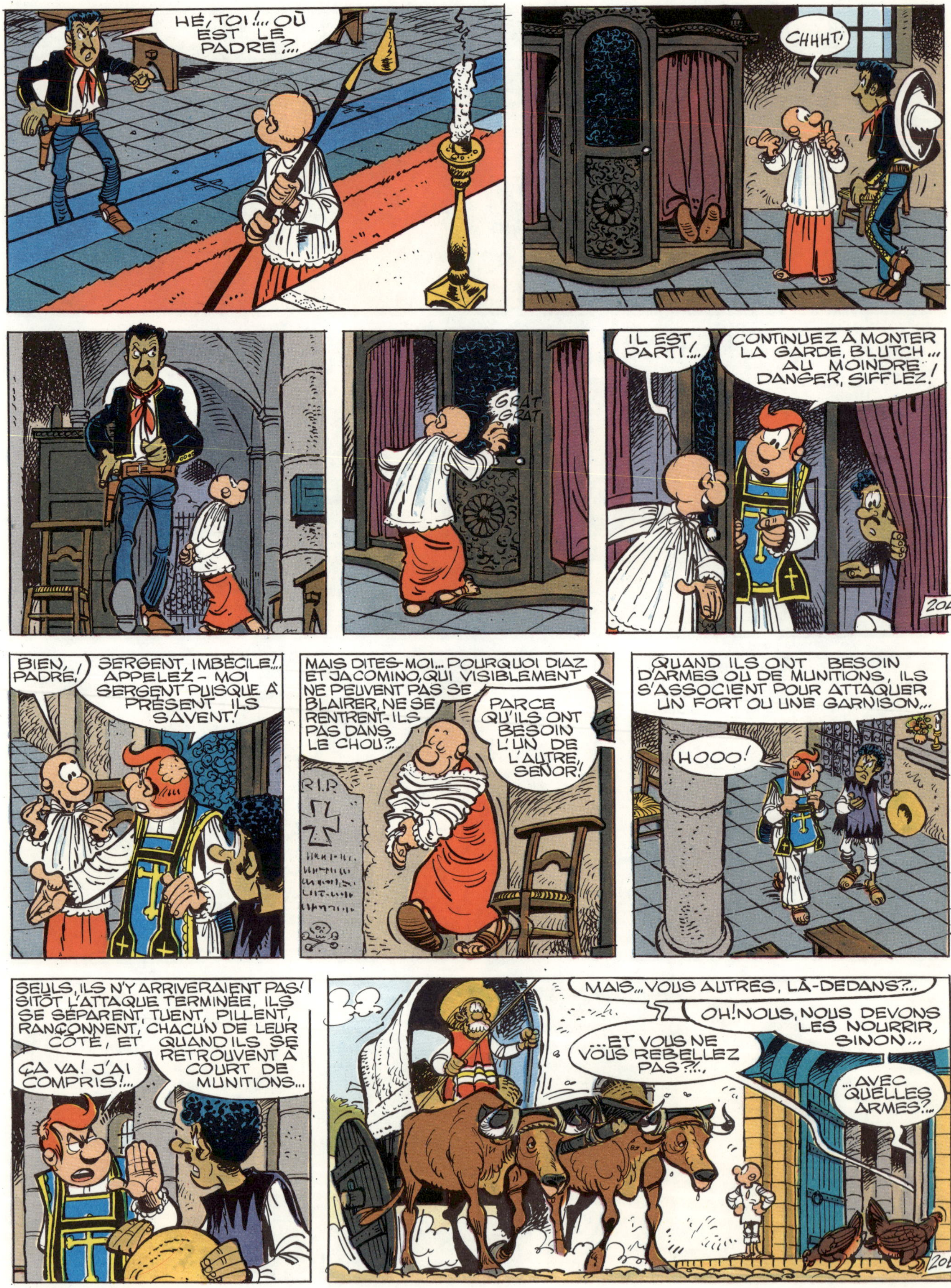
HÉ, TOI !... OÙ EST LE PADRE ?...
CHHHT !
GRAT GRAT
IL EST PARTI !...
CONTINUEZ À MONTER LA GARDE, BLUTCH... AU MOINDRE DANGER, SIFFLEZ !
20A.
BIEN, PADRE !
SERGENT, IMBÉCILE !... APPELEZ - MOI SERGENT PUISQUE À PRÉSENT ILS SAVENT !
MAIS DITES-MOI... POURQUOI DIAZ ET JACOMINO, QUI VISIBLEMENT NE PEUVENT PAS SE BLAIRER, NE SE RENTRENT-ILS PAS DANS LE CHOU ?...
PARCE QU'ILS ONT BESOIN L'UN DE L'AUTRE, SEÑOR !
R.I.P.
QUAND ILS ONT BESOIN D'ARMES OU DE MUNITIONS, ILS S'ASSOCIENT POUR ATTAQUER UN FORT OU UNE GARNISON...
HOOO !
SEULS, ILS N'Y ARRIVERAIENT PAS ! SITÔT L'ATTAQUE TERMINÉE, ILS SE SÉPARENT, TUENT, PILLENT, RANÇONNENT, CHACUN DE LEUR CÔTÉ, ET QUAND ILS SE RETROUVENT À COURT DE MUNITIONS...
ÇA VA ! J'AI COMPRIS !...
MAIS... VOUS AUTRES, LÀ-DEDANS ?...
OH ! NOUS, NOUS DEVONS LES NOURRIR, SINON...
...ET VOUS NE VOUS REBELLEZ PAS ?!...
...AVEC QUELLES ARMES ?...
20B.

MAINTENANT QUE VOUS ÊTES LÀ, ÇA VA CHANGER !... VOUS ALLEZ NOUS AIDER, N'EST-CE PAS, SEÑOR ?!...
BEN EUH...
MERCI !
CE NE SERA PAS FACILE !... NOUS NE SOMMES QUE DEUX, VOUS SAVEZ.....
TROIS !... JE VOUS AIDERAI, SEÑOR !
HA !... EUH... AHEM... DANS CE CAS, ÇA CHANGE TOUT !
HÉ HÉ HÉ
AHEM
UN PEU PLUS TARD...
HEIN ?!... MAIS VOUS ÊTES COMPLÈTEMENT FOU !!... TROIS PAUVRES CLOCHES CONTRE DEUX BANDES ARMÉES JUSQU'AUX DENTS !
C'EST CE QUE J'AI ESSAYÉ DE LUI FAIRE COMPRENDRE, MAIS IL AVAIT L'AIR TELLEMENT HEUREUX... JE N'AI PAS OSÉ INSISTER !
O.K. ! JE N'INSISTERAI PAS NON PLUS ! JE METS LES BOUTS AVANT QU'ILS NE RAPPLIQUENT !... ET JE VOUS CONSEILLE D'EN FAIRE AUTANT !...
MAIS, BLUTCH... J'AI PROMIS...
21A
PAS, MOI !
JE SAIS QUE JE NE PEUX PAS VOUS OBLIGER, MAIS...
...MAIS RIEN DU TOUT !
!!
BLUTCH ! MON PETIT BLUTCH ! JE SAVAIS QUE VOUS NE M'ABANDONNERIEZ PAS !...
JE N'AI PAS PU FAIRE AUTREMENT, PADRE !
!
21B

JE CROIS QU'IL VOUS EN VEUT, PERSONNELLEMENT, PADRE!... FAITES SEMBLANT DE L'IGNORER OU ÇA RISQUE DE TOURNER MAL!
JE SUIS SOUS LA PROTECTION DE DIAZ!... IL N'OSERA RIEN FAIRE!
WOK
EN TOUT CAS, IL NE PENSE PLUS À VOUS TUER! C'EST DÉJÀ ÇA!
SERG... PADRE!
22A
?
!
NON MAIS!...
NOSJE ASHTA!
22B

PEDRO!... IL FAUT INTERVENIR!... ILS VONT LE MASSACRER!
HÉLAS SEÑOR! NOUS N'AVONS MÊME PAS UN LANCE-PIERRES!
AÏE! AÏE! AÏE!... IL EST FICHU, VOTRE COPAIN!... IL FAUDRAIT UN MIRACLE POUR LE SORTIR DE LÀ!...
DIAZ! JE DOIS PRÉVENIR DIAZ!...
... VOUS ARRIVERIEZ TROP TARD!...
23A
!
Hiiiiiii
Hiiii
23B

JACOMINO! CARAMBA!
YÉ TÉ RÉPÈTE OUNÉ FOIS DÉ PLOUS DÉ NÉ PAS TOUCHER AU PADRE!!
24A.
VOUS FERIEZ MIEUX DE VOUS ÉLOIGNER, PADRE!... ÇA VA SE GÂTER CROYEZ-MOI!...
KWADJA! WHEE! WHEE!
YÉ DIS NO!
!
ZWIP
24B.

RECOMMENCE CE COUP-LÀ, ET YE TE FAIS ÉCLATER LA CERVELLE, COYOTE!
HÉ HÉ HÉ!... ON DIRAIT QUE CES CHACALS VONT S'ENTRE-TUER, BLUTCH!
SI ÇA POUVAIT ÊTRE VRAI!...
C'EST ÇA!... DISPARAIS DE MA VOUE AVEC TES CHIENS ROUGES ET NE REMETS PLOUS YAMAIS LES PIEDS DANS CE VILLAGE, OU, PAR LA MADONE, LES VAUTOURS FERONT OUN TEL FESTIN QU'ILS EN CRÈVERONT D'INDIGESTION!!!
25A
ON DIRAIT QUE NOUS VENONS D'ASSISTER À LA FIN D'UNE BELLE ASSOCIATION...
ÇA, C'EST PLUTÔT BIZARRE! JUSQU'ICI, ILS NE POUVAIENT SE PASSER L'UN DE L'AUTRE!...
SERGENT, REGARDEZ!
U.S.A.
MAIS... MAIS... C'EST UN CHARIOT DE CHEZ NOUS, ÇA!!...
JE ME DEMANDE CE QU'IL Y A DEDANS?...
SÛREMENT QUELQUE CHOSE D'IMPORTANT QUI DOIT PERMETTRE À DIAZ DE SE PASSER DE JACOMINO ET SA BANDE!
25B

TÂCHEZ DE SAVOIR CE QUE C'EST...
J'Y VAIS, PADRE!
U.S.A
T'APPROCHE PAS DE CE CHARIOT, TOI!... ALLEZ, OUSTE! DU VENT!...
U.S.A
ALORS?...
IL VAUT MIEUX NE PAS INSISTER, SERGENT!... CES GARS-LÀ SONT D'UNE MÉFIANCE MALADIVE!
26A
ON DIRAIT QUE CE CHARIOT VOUS INTÉRESSE, PADRE!...
HEIN?!... EUH... NON!... ENFIN, DISONS QUE JE SUIS ÉTONNÉ DE VOIR UN CHARIOT DE L'ARMÉE AMÉRICAINE ICI!...
YE L'AI "EMPRUNTÉ" À DES GRINGOS... DES DÉSERTEURS!... POUAH!... ILS VENAIENT YOUSTE DE PASSER LA FRONTIÈRE!
...ET... HEM... QU'EST-CE QU'IL CONTIENT?...
...DE QUOI ME FOURNIR EN ARMES ET EN MOUNITIONES YOUSQU'À LA FIN DE MA VIE, PADRE!... HA! HA! HA!
U.S.A
YÉ N'AI QU'OUN GESTE À FAIRE POUR QU'ON ME LES SERVE SUR UN PLATEAU! HA HA HA HA! QUE DITES-VOUS DE ÇA, PADRE?...
CLAP
...QUE... QUE JE NE COMPRENDS PAS TRÈS BIEN, MON FILS!
26B

AUCOUNE IMPORTANCE, PADRE! TOUT CE QUE YE PEUX VOUS DIRE, C'EST QUE BIENTÔT, GRÂCE À CES ARMES, Y'AURAI TELLEMENT D'OR QUE YE VOUS FÉRAI BÂTIR OUNE CATHÉDRALÉ!
OUNÉ CATHÉ... HA BON!
HÉ, AMIGOS... J'AI PU AMADOUER UNE DE CES CANAILLES... J'AI QUELQUES RENSEIGNEMENTS AU SUJET DU CHARIOT!
DIS VITE!
IL ÉTAIT AUX MAINS DE DÉSERTEURS NORDISTES QUI L'AVAIENT VOLÉ DANS UN FORT APRÈS Y AVOIR ENFERMÉ UN OTAGE POUR ASSURER LEUR FUITE...
ILS ONT EU UNE DRÔLE DE VEINE DE TRAVERSER AINSI LES LIGNES SUDISTES POUR ARRIVER JUSQU'ICI...
QUE SONT-ILS DEVENUS?
DIAZ N'AIME PAS LES DÉSERTEURS!
HA NON?
BLUTCH, ÇA VA!... ENSUITE?...
UNE TROUPE DE SOLDATS LES A SUIVIS JUSQU'AU RIO GRANDE MAIS ILS SE SONT ARRÊTÉS LÀ! LES GRINGOS N'ONT PAS LE DROIT DE PASSER LA FRONTIÈRE...
...DES SOLDATS? LESQUELS?...
27A.
... DU NORD, CERTAINEMENT! JE CONNAIS BIEN LES UNIFORMES DE CEUX DU SUD...
BLUTCH, VOUS ENTENDEZ?!... IL Y A DES COPAINS PRÈS D'ICI!
MAIS COMMENT ONT-ILS FAIT!? LES REBS LES ONT DONC LAISSÉ PASSER!
J'AI ENTENDU DIRE QUE LES CONFÉDÉRÉS AVAIENT PAS MAL DE PROBLÈMES SUR LE FRONT!
...JE VOIS... ET ILS ONT DÛ LIMITER LE NOMBRE DE PATROUILLES SUR LA FRONTIÈRE POUR METTRE LE PAQUET SUR LES CHAMPS DE BATAILLE!
...EN TOUT CAS, ÇA DOIT ÊTRE UN OTAGE IMPORTANT... DIAZ A L'AIR TROP SÛR DE LUI!
UN GÉNÉRAL, SANS DOUTE!
QUI SAIT!
CETTE NUIT, VOUS IREZ JETER UN COUP D'OEIL À L'INTÉRIEUR... PENDANT CE TEMPS, J'OCCUPERAI LES SENTINELLES...
O.K., SERGENT... RELEVEZ VOTRE BURE ET MONTREZ-LEUR VOS MOLLETS... ÇA LEUR FERA SÛREMENT PERDRE LA TÊTE...
IMBÉCILE!
PLUS TARD...
27B.

BONSOIR, MES ENFANTS!
EUH... BUENAS NOCHES, PADRE!
JE SUIS VENU COMME ÇA... À TOUT HASARD... C'EST LE JOUR DES CONFESSIONS, AUJOURD'HUI, ET JE ME SUIS DIT QUE... ENFIN... PEUT-ÊTRE
ÇA NE VA PAS, NON?
...VOUS N'ALLEZ PAS ME DIRE QUE VOUS N'AVEZ JAMAIS PÉCHÉ!?...
NOUS, LA RELIGION, VOUS SAVEZ!
HOOO!
VOUS NE CROYEZ PAS EN DIEU?...
EUH... SI... MAIS ENFIN...
HOOO!
28A
!
ÉCOUTEZ, PADRE... SI VOUS VOULEZ BIEN, ON PARLERA DE TOUT ÇA, DEMAIN!... POUR L'INSTANT, ÉCARTEZ-VOUS DE CE CHARIOT!... DIAZ N'AIMERAIT PAS VOUS VOIR RÔDER PAR ICI!
BON... ALORS, JE VOUS ATTENDRAI DEMAIN À L'ÉGLISE!
J'ESPÈRE QUE ÇA LUI AURA SUFFI COMME TEMPS, À CETTE ANDOUILLE!
PSST!
ALORS?...
QUI EST-CE?...
DITES!
BEN...
BEN...
28B

C'EST UN OFFICIER?...
...UN GÉNÉRAL?...
NON!
NON!
VOUS N'ALLEZ PAS ME DIRE QUE... NOON... NOOON!... DITES-MOI QUE CE N'EST PAS VRAI!...
VOUS PENSEZ À QUI?...
LE... LE PRÉSIDENT?...
PIRE QUE ÇA!...
PIRE???
MAIS QUI ALORS?!! QUI?!
....
29A.
SERGENT, ATTENTION!... PAS DE BÊTISES! N'OUBLIEZ PAS QUE VOUS PORTEZ LA BURE!...
CE N'EST PAS POSSIBLE, BLUTCH!... VOUS AVEZ MAL VU! DITES-MOI QUE VOUS AVEZ MAL VU!... IL FAISAIT SOMBRE DANS CE CHARIOT! VOUS AVEZ PU VOUS TROMPER!
HÉ! HO!... MÊME DANS L'OBSCURITÉ, JE SAIS FAIRE LA DIFFÉRENCE ENTRE LE PRÉSIDENT LINCOLN ET.....
ET?...
... AMÉLIE APPELTOWN...
C'EST AFFREUX!
JE NE VOUS LE FAIS PAS DIRE!
EN TOUT CAS, UNE CHOSE EST CERTAINE... NOUS SAVONS QUI EST À LA TÊTE DES HOMMES QUI CAMPENT SUR LES RIVES DU RIO GRANDE!
BLUTCH, L'HEURE DU SACRIFICE A SONNÉ!
29B.

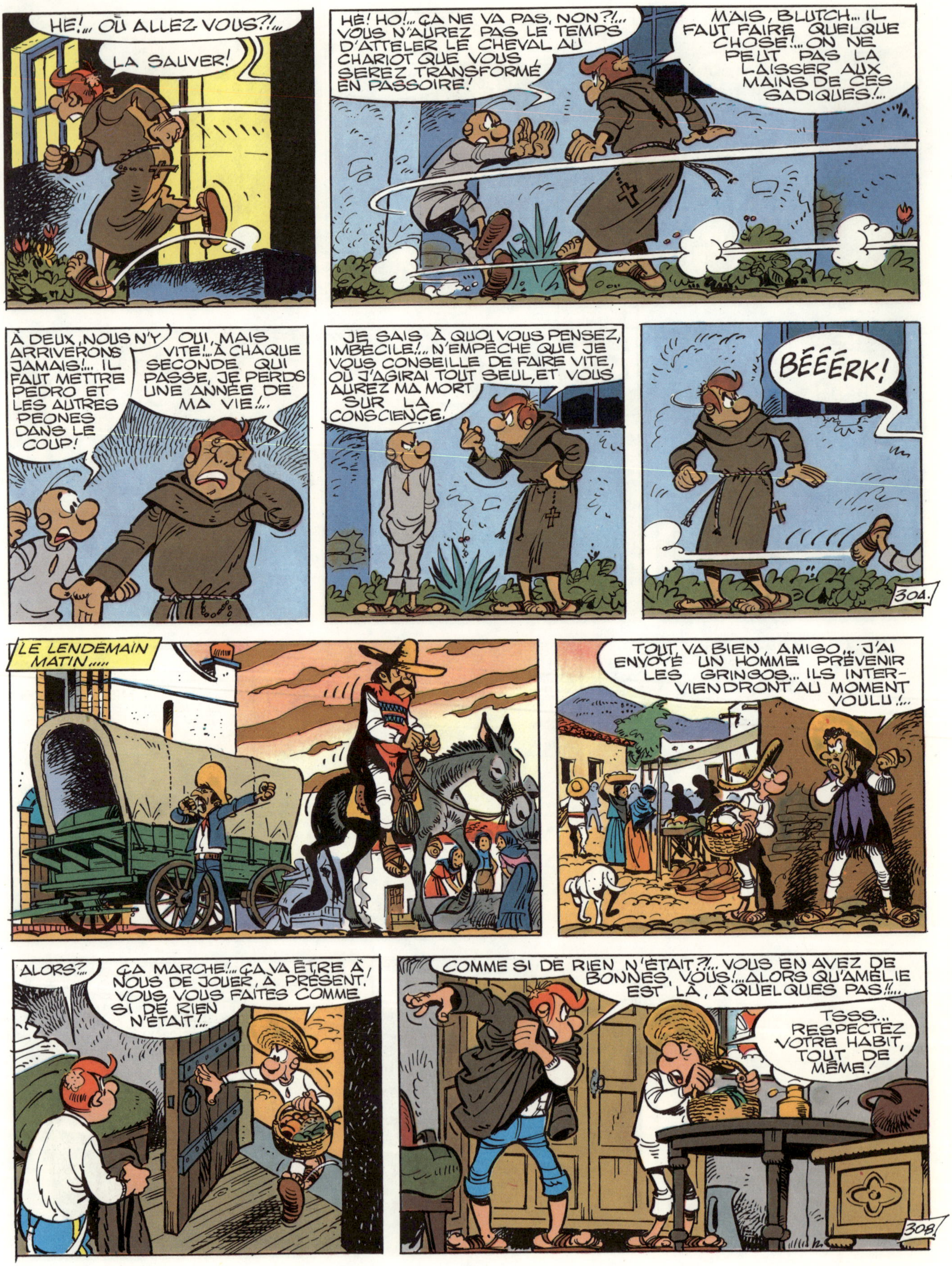
HÉ!... OÙ ALLEZ VOUS?!...
LA SAUVER!
HÉ! HO!... ÇA NE VA PAS, NON?!... VOUS N'AUREZ PAS LE TEMPS D'ATTELER LE CHEVAL AU CHARIOT QUE VOUS SEREZ TRANSFORMÉ EN PASSOIRE!
MAIS, BLUTCH... IL FAUT FAIRE QUELQUE CHOSE!... ON NE PEUT PAS LA LAISSER AUX MAINS DE CES SADIQUES!...
À DEUX, NOUS N'Y ARRIVERONS JAMAIS!... IL FAUT METTRE PEDRO ET LES AUTRES PEONES DANS LE COUP!
OUI, MAIS VITE!... À CHAQUE SECONDE QUI PASSE, JE PERDS UNE ANNÉE DE MA VIE!...
JE SAIS À QUOI VOUS PENSEZ, IMBÉCILE!... N'EMPÊCHE QUE JE VOUS CONSEILLE DE FAIRE VITE, OU J'AGIRAI TOUT SEUL, ET VOUS AUREZ MA MORT SUR LA CONSCIENCE!
BÉÉÉRK!
30A.
LE LENDEMAIN MATIN.....
TOUT VA BIEN, AMIGO... J'AI ENVOYÉ UN HOMME PRÉVENIR LES GRINGOS... ILS INTERVIENDRONT AU MOMENT VOULU!...
ALORS?...
ÇA MARCHE!... ÇA VA ÊTRE À NOUS DE JOUER, À PRÉSENT! VOUS VOUS FAITES COMME SI DE RIEN N'ÉTAIT!...
COMME SI DE RIEN N'ÉTAIT?!... VOUS EN AVEZ DE BONNES, VOUS!... ALORS QU'AMÉLIE EST LÀ, À QUELQUES PAS!...
TSSS... RESPECTEZ VOTRE HABIT, TOUT DE MÊME!
30B.

HÉ, DIAZ, VIENS VOIR... IL Y A QUELQUE CHOSE QUI NE TOURNE PAS ROND!...
?
QUE?
JE L'IGNORE, MAIS LES PEONES ONT L'AIR NERVEUX, CE MATIN!
QU'ON EN PENDE QUELQUES-OUNES!... ÇA LES CALMERA OUN PEU!
DITES DONC, VOUS!... CE N'EST PAS POSSIBLE!... VOUS CHERCHEZ L'EXCOMMUNICATION OU QUOI?!...
TAP TAP TAP
ÉCOUTEZ, PADRE... CÉ N'EST PAS LE MOMENT DÉ.....
C'EST VOUS QUI ALLEZ M'ÉCOUTER! JE COMMENCE À EN AVOIR RAS LE POPOTIN DE VOUS VOIR PENDRE CES MALHEUREUX POUR UN OUI, POUR UN NON!... PAR ICI!... HOP!
31A
CEPENDANT...
ÇA Y EST, AMIGO... J'AI RÉUSSI À RÉCUPÉRER LES DEUX CHEVAUX QUI ONT AMENÉ LE CHARIOT!
BRAVO! TU LES ATTELLERAS À MON SIGNAL!... JE M'OCCUPE DE CES GREDINS!
U.S.A
!! MAIS QU'EST-CE QUI LEUR PREND?!... ET DIAZ, QU'EST-CE QU'IL ATTEND?!
JE L'IGNORE, IL EST ENTRÉ DANS L'ÉGLISE, AVEC LE PADRE!
JE T'EN FICHERAI, MOI, DES BÉNÉDICTIONS!
31B.

HÉ! HO! JE CROIS BIEN QUE LE SEÑOR DIAZ VIENT D'AVOIR COMME QUI DIRAIT UN LÉGER MALAISE!...
U.S.A.
IL EST DANS LE DÉBARRAS À CÔTÉ DU CHŒUR...
SLAM
CRIC
!
32A
BOM
BOM
VOUS VOUS ÊTES FAIT AVOIR COMME DES ENFANTS DE CHOEUR!
LÉ PADRE, IL EST AUSSI PADRE QUE MOI YÉ SOUIS CARMÉLITÉ! ENFONCEZ CETTE PORTE, ABROUTIS!
IMPOSSIBLE DE FAIRE QUOI QUE CE SOIT, SERGENT!... CES CANAILLES NOUS TIENNENT TOUJOURS EN RESPECT...
32B

AÏE AÏE AÏE! IL FAUDRA DONC QU'ON RISQUE LE TOUT POUR LE TOUT!
VOUS ÊTES FOU!... ILS VONT SÛREMENT TIRER DANS LE TAS!
EFFECTIVEMENT... DANS CES CONDITIONS...
J'EN CONNAIS D'AUTRES QUI TIRERONT DANS LE TAS SITÔT QU'ILS AURONT RÉUSSI À ENFONCER LA PORTE DU DÉBARRAS!
MADRE DE DIOS... MAIS OÙ RESTE DIAZ?!...
PAS DE DOUTE... IL NOUS A LAISSÉS TOMBER COMME DE VIEILLES CHAUSSETTES!...
33A
PEDRO! LES CHEVAUX! VITE!...
SI, AMIGO!
FICHONS LE CAMP!
PLOUS VITE! PLOUS VITE, HOMBRE! S'ILS M'ÉCHAPPENT, YÉ VOUS FÉRAI ÉTRIPER! YÉ LÉ YOURE SOUR LA MADRE DE DIOS!
BONK
KRAK
33B

...ET LES PEONES?...
ILS VONT FILER SE RÉFUGIER DANS LA MONTAGNE!... JE LEUR AI PROMIS QUE SITÔT QUE NOUS AURIONS PASSÉ LA FRONTIÈRE, VOUS CONVAINCRIEZ LE COLONEL DE DÉBARRASSER LE MEXIQUE DE CETTE CANAILLE!...
MALÉDICTION! À CHEVAL! VITE!
U.S.A
34A.
MAIS VOUS ÊTES COMPLÈTEMENT FOU!... IL REFUSERA!... IL N'A PAS LE DROIT D'INTERVENIR DANS CE PAYS!... CE QUI SE PASSE ICI NE NOUS REGARDE PAS!...
HA NON?...
DANS CE CAS...
VOUS LE VOYEZ... J'ARRÊTE CE CHARIOT!
HÉ! QU'EST-CE QUE VOUS FAITES?!
USA
SCRIIIIII
BON! BON!... O.K! J'ESSAYERAI DE LE CONVAINCRE, ET S'IL REFUSE, JE DÉSERTERAI AVEC VOUS POUR LUI RÉGLER SON COMPTE!... VOUS ÊTES CONTENT?... À PRÉSENT, FONCEZ! ILS SONT SUR NOS TALONS!
GEE UP!
ON A PENSÉ À TOUT, SAUF QU'ILS AVAIENT DES CHEVAUX!
34B.

CARAMBA!... ILS NE M'ÉCHAPPERONT PAS!
ÇA RISQUE DE CHAUFFER D'ICI PEU, SERGENT! VOUS FERIEZ MIEUX D'AVERTIR NOTRE PASSAGÈRE!
...DANS CET ACCOUTREMENT?!.. VOUS N'Y PENSEZ PAS!
VOULEZ-VOUS QUE J'Y AILLE?...
VOUS!?
BOUGEZ SEULEMENT DE LÀ, ET JE VOUS FAIS UN NEZ COMME UN CONCOMBRE!...
USA
COMME VOUS VOUDREZ!
35A.
HO!... QUE SE PASSE-T-IL?!... OÙ M'EMMENEZ-VOUS?...
NE VOUS INQUIÉTEZ PAS, MISS!... JE VAIS DÉFAIRE VOS LIENS!... NOUS ALLONS ESSAYER DE NOUS SORTIR DE LÀ!...
M... MERCI... MAIS QUI ÊTES-VOUS?...
EUH... AHEM... JE... JE VAIS VOUS EXPLIQUER... MAIS PROMETTEZ-MOI DE NE PAS RIRE!...
VOYONS, SOYEZ SÉRIEUX, PADRE!... CROYEZ-VOUS QUE CETTE SITUATION SOIT SI RISIBLE!...
BON! ÉCOUTEZ... IL Y A QUELQUES JOURS...
AÏE! AÏE! AÏE!
PAW PAW PAW
USA
?
HI HI HI HI HI HI HI
35B.

HI! HI! HI! HI! HI! HI! HI! HI! HI!
QU'EST-CE QUI SE PASSE?... VOUS LUI AVEZ EXPLIQUÉ LE TRAGIQUE DE LA SITUATION?...
HI! HI! HI! HI! HI! HI! HI! PFFF..
MAIS ALORS?...
ELLE M'A RECONNU!
HOU HOU HOU HI HI...
HA! HA! HA! HA! HA!
HI! HI! HI! HI! HI! HI!
USA
36A.
LA PLAISANTERIE EST FINIE, GRINGOS!... DESCENDEZ DE LÀ, POR FAVOR!... VOUS ALLEZ SAVOIR CE QU'IL EN COÛTE DE SE MOQUEP DOU SEÑOR DIAZ!...
?!
WAF! WAF! WAF! WAF!
HI! HI! HI! PFFF..
36B.

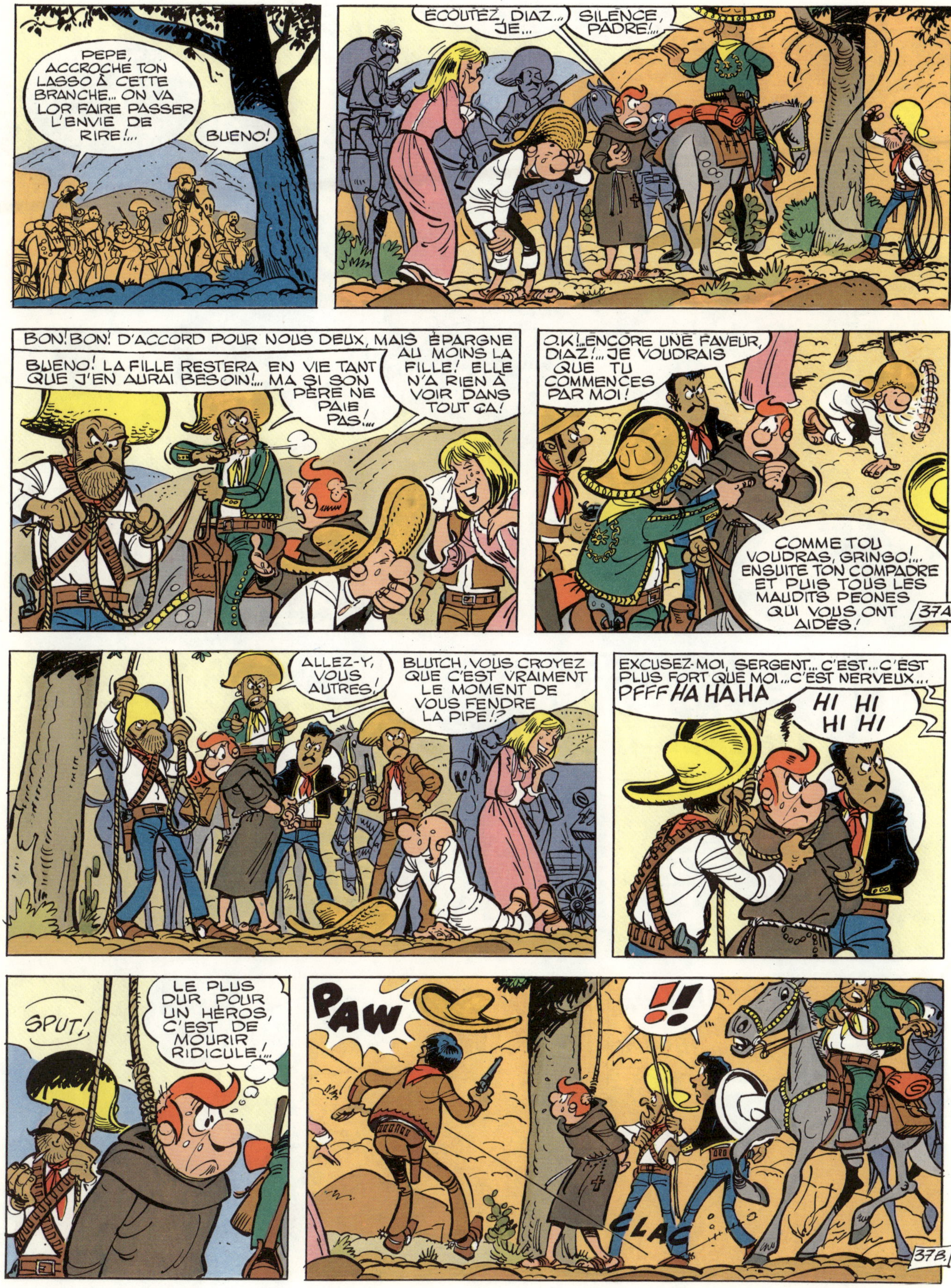
PEPE, ACCROCHE TON LASSO À CETTE BRANCHE... ON VA LOR FAIRE PASSER L'ENVIE DE RIRE!...
BUENO!
ÉCOUTEZ, DIAZ... JE...
SILENCE, PADRE!...
BON! BON! D'ACCORD POUR NOUS DEUX, MAIS ÉPARGNE AU MOINS LA FILLE! ELLE N'A RIEN À VOIR DANS TOUT ÇA!
BUENO! LA FILLE RESTERA EN VIE TANT QUE J'EN AURAI BESOIN!... MA SI SON PÈRE NE PAIE PAS!...
O.K.!... ENCORE UNE FAVEUR, DIAZ!... JE VOUDRAIS QUE TU COMMENCES PAR MOI!
COMME TOU VOUDRAS, GRINGO!... ENSUITE TON COMPADRE ET PUIS TOUS LES MAUDITS PEONES QUI VOUS ONT AIDÉS!
37A
ALLEZ-Y, VOUS AUTRES!
BLUTCH, VOUS CROYEZ QUE C'EST VRAIMENT LE MOMENT DE VOUS FENDRE LA PIPE!?
EXCUSEZ-MOI, SERGENT... C'EST... C'EST PLUS FORT QUE MOI... C'EST NERVEUX... PFFF HA HA HA
HI HI HI HI
SPUT!
LE PLUS DUR POUR UN HÉROS, C'EST DE MOURIR RIDICULE!...
PAW
!!
CLAC
37B

JACOMINO! MADRE DE DIOS!
USA
À COUVERT! VITE!
PAW PAW
38A
QU'EST-CE QUE VOUS ATTENDEZ POUR ME LIBÉRER, IMBÉCILE?!!...
PAW PAW
VOILÀ, VOILÀ PADRE!
PA
VOUS ME PAIEREZ ÇA, BLUTCH! JE VOUS JURE QUE VOUS ME PAIEREZ ÇA!...
OUAH! OUA OUAH!
PFFF HI HI HI HI HI HI...
USA
PAW PAW PAW
...ET MAINTENANT AU CHARIOT! VITE!...
38B

YAAA YAAA
DIAZ! ILS...
LAISSE TOMBER, HOMBRE!... LE TEMPS DE LIQUIDER CE CHIEN ROUGE, ET NOUS LES RATTRAPERONS, MÊME SI YE DOIS LES POURSUIVRE PAR-DELÀ LA FRONTIÈRE!...
PAW
CLAC
ILS NE NOUS POURSUIVENT PAS!...
PENSEZ-VOUS! ILS SONT TROP OCCUPÉS À S'ENTRE-TUER!
HI HI HI HI HI
...MAIS S'ILS NOUS ÉCHAPPENT, NOUS PERDRONS UNE FORTUNE!... IL VAUT MIEUX PARLEMENTER... NOUS RÉGLERONS NOS COMPTES APRÈS... QU'EN PENSES-TU, DIAZ?...
39A.
MA ENFIN, COMPRENDS-MOI, STOUPIDO!... CETTE FILLE VAUT DE L'OR!... NOUS AURONS TOUTES LES ARMES QU'IL NOUS FAUT!... SON PÈRE EST COLONEL CHEZ LES GRINGOS!
IL NOUS DONNERA TOUT CE QUE NOUS LUI DEMANDERONS!... DÉCIDE-TOI!... CHAQUE SECONDE QUI PASSE LES RAPPROCHE DE LA FRONTIÈRE!
DJAWALLA!
OUF!
39B.

...ET UN PEU PLUS TARD...
MAIS... MAIS!!?
MAIS ENFIN... CE N'EST PAS POSSIBLE!... ILS N'ONT PAS PU S'ENTRE-TUER SI VITE!...
JACOMINO EST AVEC EUX!... ILS ONT DÛ CONCLURE UNE ALLIANCE!...
SERGENT! LE RIO GRANDE!
USA
40A
HI HI HI
USA
MAIS... IL N'Y A PERSONNE!... LES COPAINS NE SONT PAS LÀ!...
JACOMINO A SÛREMENT INTERCEPTÉ LE MESSAGER DE PEDRO!
ALORS, LES CAROTTES SONT CUITES!...
C'EST ATROCE!... ET ELLE RIT TOUJOURS!
LAISSEZ-LA, SERGENT! LES NERFS, SANS DOUTE!... VOUS DEVEZ LUI AVOIR FAIT UN DRÔLE D'EFFET!...
... LE DERNIER, SANS AUCUN DOUTE!...
...SANS AUCUN DOUTE!... MAIS À CE POINT-LÀ, CROYEZ-MOI, ELLE N'EST PAS PRÊTE DE L'OUBLIER!...
40B

CLAIRON, SONNEZ LA CHARGE!
TATARATATA
41A.
?!!
TATATATARITARI
41B.

EN ARRIÈRE! EN ARRIÈRE, HOMBRE!
TARATARÎÎTARÎ
SERGENT! OÙ ALLEZ-VOUS?!...
...M'OCCUPER DE CETTE GROSSE PASTÈQUE!...
!
42A
?!
PAPA!
AMÉLIE!... SACRÉ BON SANG DE BON SANG!... DIEU SOIT LOUÉ!... JE COMMENÇAIS SÉRIEUSEMENT À DOUTER DE TE REVOIR VIVANTE!...
?!
PATS!
BRAVO, PADRE! ON PEUT DIRE QUE VOUS VOUS BATTEZ COMME UN VRAI SOLDAT!...
42B.

DITES DONC... C'EST CURIEUX!... MAIS VOTRE TÊTE ME RAPPELLE QUELQUE CHOSE!...
VOYONS, PAPA... TU NE LE RECONNAIS PAS?!
???
QU'EST-CE QUE ÇA SIGNIFIE?!... HEIN?!
JE... JE... LAISSEZ-MOI VOUS EXPLIQUER, MON COLONEL...
43A
ÇA, JE L'ESPÈRE BIEN, SERGENT!... JE BRÛLE DE SAVOIR CE QUE VOUS FAISIEZ TOUS LES DEUX DANS CET ACCOUTREMENT!
MAIS LA MESSE, MON COLONEL!
BLUTCH, TAISEZ-VOUS! N'AGGRAVEZ PAS LA SITUATION!
SITÔT QUE NOUS AURONS REGAGNÉ NOS LIGNES, VOUS VIENDREZ ME FAIRE VOTRE RAPPORT, ET JE PUIS VOUS ASSURER QUE JE ME FERAI UNE JOIE DE VOUS ENTENDRE!
À VOS ORDRES, MON COLONEL!
COMME VOUS DITES...
EN AVANT!... ET EN SILENCE!... N'OUBLIEZ PAS QUE NOUS SOMMES EN TERRITOIRE SUDISTE!...
...ET QUELQUES JOURS PLUS TARD.....
INCROYABLE!... C'EST TOUT BONNEMENT INCROYABLE!...
N'EST-CE PAS!?... HÉ HÉ HÉ
RT BOW
43B

N'EMPÊCHE QUE SANS VOUS, DIEU SAIT CE QU'IL SERAIT ADVENU DE MA PETITE FILLE!
HO RIEN!... RIEN TANT QUE VOUS LEUR AURIEZ FOURNI ARMES ET MUNITIONS, MON COLONEL!... MAIS APRÈS...
JE N'AURAIS JAMAIS PU LEUR FOURNIR CE QU'ILS ME DEMANDAIENT!... J'AURAIS EU L'IMPRESSION DE TRAHIR MON PAYS!
MAIS... MAIS ILS L'AURAIENT TUÉE!
JE SAIS... MAIS AMÉLIE EST UNE FILLE DE SOLDAT, AVEC TOUT CE QUE ÇA COMPORTE!
...MAIS VOUS ÊTES FOU?! COMPLÈTEMENT FOU!...
SERGENT!
VOUS AURIEZ OSÉ SACRIFIER VOTRE FILLE POUR DEUX OU TROIS FUSILS ET UNE POIGNÉE DE CARTOUCHES?!...
SERGENT, J'AVOUE QUE JE VOUS DOIS UNE FIÈRE CHANDELLE, MAIS N'EXAGÉREZ PAS, HEIN!
SERGENT!
SI J'AVAIS EU UNE FILLE DANS LA MÊME SITUATION, JE N'AURAIS PAS HÉSITÉ, MOI!... ILS AURAIENT LEURS CARTOUCHES!
C'EST BIEN POUR ÇA QUE VOUS N'ÊTES QUE SERGENT! UN OFFICIER SUPÉRIEUR DOIT POUVOIR SE SACRIFIER!
44A
SE SACRIFIER?!... MON C
HOO! C'EN EST TROP! À LA GARDE!
HEADQUARTERS
BEAUCOUP PLUS TARD...
FRANCHEMENT, JE NE COMPRENDS PAS L'ATTITUDE DU COLONEL APPELTOWN!... POURQUOI NOUS A-T-IL ENVOYÉ EN RENFORT UN CURÉ ET UN PEONE MEXICAIN?...
COMMENT?... MAIS QUE VOULEZ-VOUS QUE STARK EN FASSE?...
CHAAARGEZ!
HO, LUI, IL N'A PAS FAIT LA DIFFÉRENCE!
ITE MISSA EST...
Fin
LAMBIL-CAUVIN
COULEURS: LEONARDO

ARCHIE CASH
malik · brouyère

1 Le Maître de l'épouvante
2 Le Carnaval des Zombies
3 Le Déserteur de Toro-Toro
4 Un Train d'Enfer
5 Cibles pour Long Thi
6 Où règnent les Rats
7 Le Démon aux Cheveux d'Ange

BOBO
deliège

1 Bobo prend l'Air
2 Bobo prend la mer
3 Bobo comic's troupier

BOULOULOUM et GUILIGUILI
mazel

1 Le Grand Safari
2 Chasseurs d'ivoire

BUCK DANNY
charlier · hubinon

1 Les Japs attaquent
2 Les Mystères de Midway
3 La Revanche des Fils du Ciel
4 Les Tigres Volants
5 Dans les Griffes du Dragon Noir
6 Attaque en Birmanie
7 Les Trafiquants de la Mer Rouge
8 Les Pirates du Désert
9 Les Gangsters du Pétrole
10 Pilotes d'Essai
11 Ciel de Corée
12 Avions sans Pilotes
13 Un Avion n'est pas rentré
14 Patrouille à l'Aube
15 NC 22654 ne répond plus
16 Menace au Nord
17 Buck Danny contre Lady X
18 Alerte en Malaisie
19 Le Tigre de Malaisie
20 S.O.S. Soucoupes Volantes
21 Un Prototype a disparu
22 Top Secret
23 Mission vers la Vallée Perdue
24 Prototype FX 13
25 Escadrille ZZ
26 Le Retour des Tigres Volants
27 Les Tigres Volants à la rescousse
28 Tigres Volants contre Pirates
29 Opération Mercury
30 Les Voleurs de Satellites
31 X-15
32 Alerte à Cap Kennedy
33 Le Mystère des Avions Fantômes
34 Alerte atomique
35 L'Escadrille de la Mort
36 Les Anges Bleus
37 Le Pilote au Masque de Cuir
38 La Vallée de la Mort verte
39 Requins en Mer de Chine
40 Ghost Queen

Tarawa, Atoll sanglant, 1re partie
Tarawa, Atoll sanglant, 2e partie

DON BOSCO
jijé

La Vie Prodigieuse et Héroïque de Don Bosco

BENOIT BRISEFER
peyo

1 Les Taxis Rouges
2 Madame Adolphine
3 Les Douze Travaux de Benoît Brisefer
4 Tonton Placide
5 Le Cirque Bodoni
6 Lady d'Olphine
7 Le Fétiche

BOULE et BILL
roba

60 Gags de Boule et Bill 1
60 Gags de Boule et Bill 2
60 Gags de Boule et Bill 3
60 Gags de Boule et Bill 4
60 Gags de Boule et Bill 5
60 Gags de Boule et Bill 6
60 Gags de Boule et Bill 7
8 Papa, Maman, Boule... et moi
9 Une Vie de Chien
10 Attention, Chien marrant !
11 Jeux de Bill
12 Ce Coquin de Cocker
13 Carnet de Bill
14 Ras le Bill
15 Bill, Nom d'un Chien !
16 Souvenirs de Famille
17 Tu te rappelles, Bill ?

la patrouille des CASTORS
mitacq · charlier

1 Le Mystère de Grosbois
2 Le Disparu de Ker-Aven
3 L'Inconnu de la Villa Mystère
4 Sur la Piste de Mowgli
5 La Bouteille à la Mer
6 Le Trophée de Rochecombe
7 Le Secret des Monts Tabou
8 Le Hameau englouti
9 Le Traître sans Visage
10 Le Signe indien
11 Les Loups Ecarlates
12 Menace en Camargue
13 La Couronne cachée
14 Le Chaudron du Diable
15 L'Autobus hanté
16 Le Fantôme
17 Le Pays de la Mort
18 Les Démons de la Nuit
19 Vingt Milliards sous la Terre
20 El Demonio
21 Passeport pour le Néant

CESAR
tillieux

3 Quel Métier
4 Au fil des (mauvais) Jours

GASTON
franquin

R1 Gala de Gaffes à Gogo
R2 Le Bureau des Gaffes en Gros
R3 Gare aux Gaffes du Gars gonflé
R4 En direct de la Gaffe
6 Des Gaffes et des Dégâts
7 Un Gaffeur sachant gaffer
8 Lagaffe nous gâte
9 Le Cas Lagaffe
10 Le Géant de la Gaffe
11 Gaffes, Bévues et Boulettes
12 Le Gang des Gaffeurs
13 Lagaffe mérite des baffes

M. Rectitude et GENIAL OLIVIER
devos

1 L'Ecole en folie
2 Le Génie et sa Génération
3 Génie, vidi, vici
4 Un Généreux Génie Gêné
5 Le Génie se surpasse
6 Un Ingénieux Ingénieur Génial
7 Le Passé Recomposé
8 Electrons, molécules et pensums

GIL JOURDAN
tillieux

1 Libellule s'évade
2 Popaïne et Vieux Tableaux
3 La Voiture Immergée
4 Les Cargos du Crépuscule
5 L'Enfer de Xique-Xique
6 Surboum sur 4 Roues
7 Les Moines Rouges
8 Les 3 Taches
9 Le Gant à 3 Doigts
10 Le Chinois à 2 Roues
11 Chaud et Froid
12 Pâtée explosive
13 Carats en vrac
14 Gil Jourdan et les Fantômes
15 Sur la Piste d'un 33 Tours
16 Entre deux eaux

L'HISTOIRE en bandes dessinées

1 L'Epopée sanglante du Far West
2 Les Mystérieux Chevaliers de l'Air
3 Incroyables Aventures d'Animaux
4 L'Enfer sur Mer
5 Les Aventuriers du Ciel
6 Héroïnes inconnues
7 Godefroi de Bouillon (Sirius)
8 Au cœur des grandes catastrophes

ISABELLE
will

3 Les Maléfices de l'Oncle Hermès
4 L'Astragale de Cassiopée
5 Un empire de dix arpents

JERRY SPRING
jijé

1 Le Duel
2 Les Vengeurs du Sonora
3 L'Or de personne
4 Jerry contre KKK
15 Le Loup solitaire
16 La Fille du Canyon
17 Le grand Calumet

JESS LONG
piroton · tillieux

1 Le Bouddha écarlate et Les Nouveaux Négriers
2 Les Ombres du Feu et L'Evasion
3 La Piste Sanglante et l'Homme au Bout de la Nuit
4 Les Masques de Mort et la Grotte aux Crabes

JOHAN et PIRLOUIT
peyo

1 Le Châtiment de Basenhau
2 Le Maître de Roucybeuf
3 Le Lutin du Bois aux Roches
4 La Pierre de Lune
5 Le Serment des Vikings
6 La Source des Dieux
7 La Flèche Noire
8 Le Sire de Montrésor
9 La Flûte à Six Schtroumpfs
10 La Guerre des 7 Fontaines
11 L'Anneau des Castellac
12 Le Pays Maudit
13 Le Sortilège de Maltrochu

les KROSTONS
deliège

1 Balade pour un Kroston
2 La Maison des Mutants

LAMPIL
lambil · cauvin

1 Pauvre Lampil
2 Pauvre Lampil

LUCKY LUKE
morris

1 La Mine d'Or de Dick Digger
2 Rodéo
3 Arizona
4 Sous le Ciel de l'Ouest
5 Lucky Luke contre Pat Poker
6 Hors-la-Loi
7 L'Elixir du Docteur Doxey
8 Lucky Luke contre Phil Defer
9 Des Rails sur la Prairie
10 Alerte aux Pieds Bleus
11 Lucky Luke contre Joss Jamon
12 Les Cousins Dalton
13 Le Juge
14 Ruée sur l'Oklahoma
15 L'Evasion des Dalton
16 En remontant le Mississippi
17 Sur la Piste des Dalton
18 A l'Ombre des Derricks
19 Les Rivaux de Painful-Gulch
20 Billy The Kid
21 Les Collines noires
22 Les Dalton dans le Blizzard
23 Les Dalton courent toujours
24 La Caravane
25 La Ville Fantôme
26 Les Dalton se rachètent
27 Le 20e de Cavalerie
28 L'Escorte
29 Des Barbelés sur la Prairie
30 Calamity Jane
31 Tortillas pour les Dalton

MARC LEBUT
francis·tillieux

9 La Ford T en Vacances
10 Gags en Ford T
11 La Ford T énergique
12 Ford T Fortissimo
13 La Ford T récalcitrante

NATACHA
walthéry

1 Natacha, Hôtesse de l'Air
2 Natacha et le Maharadjah
3 La Mémoire de Métal
4 Un Trône pour Natacha
5 Double Vol
6 Le Treizième Apôtre
7 L'Hôtesse et Monna Lisa

PAPYRUS
de gieter

1 La Momie engloutie
2 Le Maître des Trois Portes
3 Le colosse sans visage

PAUL FORAN
gil·montero

1 Chantage à la Terre
2 L'Ombre du Gorille
3 Le Mystère du Lac
4 La Momie

PECHES DE JEUNESSE

1 Franquin : L'Héritage (Av. de Spirou)
2 Franquin : Radar le Robot (Av. de Spirou)
3 Jijé : Blondin et Cirage découvrent les Soucoupes volantes
4 Tillieux : (Marc Jaguar) Le Lac de l'Homme Mort
5 Will : Tif et Tondu en Amérique Centrale
6 Macherot : Chaminou et le Khrompire
7 Sirius : L'ennemi sous la mer (Epervier Bleu)
8 Walthéry : Vous êtes trop bon (Jacky et Célestin)

les PETITS HOMMES
seron·hao

1 L'Exode
2 Des Petits Hommes au Brontoxique
3 Les Guerriers du Passé
4 Le Lac de l'Auto
5 L'Œil du Cyclope
6 Le Vaisseau Fantôme
7 Les Ronces du Samouraï
8 Du Rêve en Poudre
9 Le Triangle du Diable
10 Le peuple des Abysses

DOCTEUR POCHE
wasterlain

1 Il est Minuit Docteur Poche
2 L'Ile des Hommes-Papillons
3 Karabouilla

POUSSY
peyo

1 Ça, c'est Poussy
2 Faut pas Poussy
3 Poussy Poussa

SAMMY
berck·cauvin

1 Bons Vieux pour les Gorilles et Robots pour les Gorilles
2 Rhum Row
3 El Presidente
4 Les Gorilles marquent des Poings et Gorilles et Spaghetti
5 Le Gorille à huit Pattes
6 Les Gorilles font les Fous
7 Les Gorilles au Pensionnat
8 Les Gorilles et le Roi Dollar
9 Les Pétroleurs du Désert
10 Nuit Blanche pour les Gorilles
11 Deux Histoires de Gorilles
12 L'Elixir de Jeunesse
13 Le grand frisson

les SCHTROUMPFS
peyo

1 Les Schtroumpfs Noirs
2 Le Schtroumpfissime
3 La Schtroumpfette
4 L'Œuf et les Schtroumpfs
5 Les Schtroumpfs et le Cracoucass
6 Le Cosmoschtroumpf
7 L'Apprenti Schtroumpf
8 Histoires de Schtroumpfs
9 Schtroumpf vert et Vert Schtroumpf
10 La Soupe aux Schtroumpfs

le SCRAMEUSTACHE
gos

1 L'Héritier de l'Inca
2 Le Magicien de la Grande Ourse
3 Le Continent des deux Lunes
4 Le Totem de l'Espace
5 Le Fantôme du Cosmos
6 La Fugue du Scrameustache
7 Les Galaxiens
8 La menace des Kromoks

SIBYLLINE
macherot

1 Sibylline et la Betterave
2 Sibylline en Danger
3 Sibylline et les Abeilles
4 Sibylline et le petit Cirque
5 Sibylline s'envole
6 Sibylline et les Cravates Noires
7 Elixir, le Maléfique

SOPHIE
jidéhem

8 Les Bonheurs de Sophie (2e série)
9 Sophie et la Tiare de Matlotl Halatomatl
10 Sophie et le Douanier Rousseau
11 Sophie et le Souffle du Dragon
12 Cette sacrée Sophie
13 Sophie et les 4 Saisons
14 Sophie et l'Inspecteur Céleste

les aventures de SPIROU

franquin

1 Quatre Aventures de Spirou et Fantasio
2 Il y a un Sorcier à Champignac
3 Les Chapeaux noirs
4 Spirou et les Héritiers
5 Les Voleurs du Marsupilami
6 La Corne de Rhinocéros
7 Le Dictateur et le Champignon
8 La Mauvaise Tête
9 Le Repaire de la Murène
10 Les Pirates du Silence
11 Le Gorille a bonne mine
12 Le Nid des Marsupilamis
13 Le Voyageur du Mésozoïque
14 Le Prisonnier du Bouddha
15 Z comme Zorglub
16 L'Ombre du « Z »
17 Spirou et les Hommes-Bulles
18 QRN sur Bretzelburg
19 Panade à Champignac
24 Tembo Tabou

fournier

20 Le Faiseur d'Or
21 Du Glucose pour Noémie
22 L'Abbaye truquée
23 Toratorapa
25 Le Gri-Gri du Niokolo-Koba
26 Du Cidre pour les Etoiles
27 L'Ankou
28 Kodo, le Tyran

Les MEILLEURS RECITS de SPIROU

1 Contes de Noël
2 Lettres de mon Moulin
3 Le Vieux Bleu

TIF ET TONDU

will·rosy

4 Tif et Tondu contre la Main Blanche
5 Le Retour de Choc
6 Passez Muscade
7 Plein Gaz
8 La Villa du Long-Cri
9 Choc au Louvre
10 Les Flèches de nulle part
11 La Poupée ridicule
12 Le Réveil de Toar
13 Le Grand Combat
14 La Matière verte
15 Tif rebondit

will·tillieux

16 L'Ombre sans corps
17 Tif et Tondu contre le Cobra
18 Le Roc maudit
19 Sorti des Abîmes
20 Les Ressuscités
21 Le Scaphandrier mort
22 Un Plan démoniaque
23 Tif et Tondu à New York
24 Aventure birmane
25 Le Retour de la Bête
26 Le Gouffre interdit
27 Les Passe-Montagnes

les TUNIQUES BLEUES

salverius·cauvin

1 Un Chariot dans l'Ouest
2 Du Nord au Sud
3 Et pour 1.500 Dollars en plus
4 Outlaw
5 Les Déserteurs
6 La Prison de Robertsonville
7 Les Bleus de la Marine
8 Les Cavaliers du Ciel

lambil·cauvin

9 La Grande Patrouille
10 Des Bleus et des Tuniques
11 Des Bleus en noir et blanc
12 Les Bleus tournent Cosaques
13 Les Bleus dans la Gadoue
14 Le Blanc-Bec
15 Rumberley
16 Bronco Benny

VIEUX NICK
remacle

5 Les Mutinés de la « Sémillante »
17 Barbe-Noire joue et perd
18 Le Feu de la Colère
19 Sous la Griffe de Lucifer
20 Les Nouvelles Mésaventures de Barbe-Noire
21 La Princesse et le Pirate
22 Sous les voiles

YOKO TSUNO
leloup

1 Le Trio de l'Etrange
2 L'Orgue du Diable
3 La Forge de Vulcain
4 Aventures électroniques
5 Message pour l'Eternité
6 Les 3 Soleils de Vinéa
7 La Frontière de la Vie
8 Les Titans
9 La Fille du Vent
10 La lumière d'Ixo

LOU
berck

1 L'Héritage de Mortepierre